BIBLIOTHÈQUE

RELIGIEUSE, MORALE, LITTÉRAIRE,

POUR L'ENFANCE ET LA JEUNESSE,

PUBLIÉE AVEC APPROBATION

DE Mgr L'ARCHEVÊQUE DE BORDEAUX.

—

4ᵉ SÉRIE in-18.

VIE

DE

SUFFREN

PAR

BESCHERELLE AINÉ.

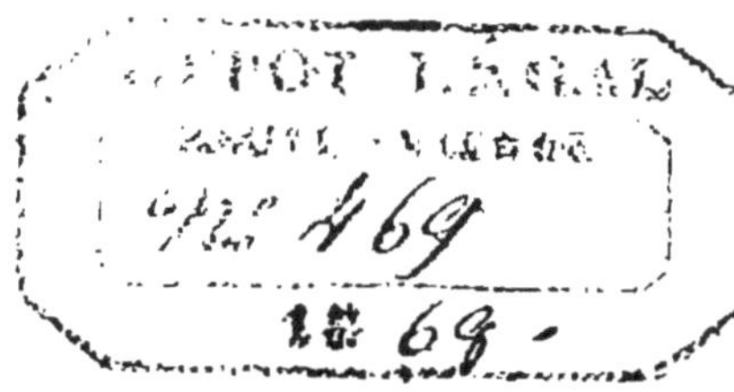

VIE

DE

SUFFREN DE SAINT-TROPEZ.

———⬦———

Il semble que ce fût un des priviléges de la noblesse de Provence de fournir de braves chevaliers à l'ordre de Malte et d'habiles officiers à la marine royale. Issu de noble race, arrivé au déclin de toutes ces grandes choses, l'ordre de Malte, la marine royale et la noblesse elle-même, Pierre-André de Suffren fut le dernier sans doute qui jouit de ce double privilége du gentilhomme provençal. En 1747, à vingt et un ans, en même temps qu'il suspendait à sa poitrine la croix de Saint-Jean de Jérusalem, il montait en qualité d'enseigne sur les vaisseaux du roi. Il eut à peine le temps de faire une campagne avant la paix d'Aix-la-Chapelle (1748); mais c'en fut assez pour montrer son courage et faire deviner ce qu'il deviendrait un jour, si la fortune ne lui refusait pas les bonnes occasions. Il fut fait prisonnier par les Anglais, au combat de Belle-Isle (14 juin 1747), célèbre dans la marine française par la belle résistance du *Tonnant*, que le brave chef d'escadre de l'Estanduère disputa pendant toute une journée et arracha à la poursuite acharnée d'une flotte anglaise.

A vingt-cinq ans de là (1772), nous voyons Suffren, qui s'était fait remarquer au service de son ordre et distingué sur nos escadres, promu presque simultanément à la dignité de commandeur et au grade de capitaine de vaisseau.

En 1782, tandis qu'il s'illustrait dans les mers de l'Inde, comme chef d'escadre intérimaire, il apprenait, sur le théâtre de ses exploits, dont la renommée entretenait l'Europe, que ses frères en religion lui avaient décerné le titre de *bailli*, sous lequel ses contemporains et l'histoire ont pris l'habitude de le désigner.

« Avant la circonstance qui l'a fait connaître comme le premier marin de son époque, dit M. Léon Guérin en parlant du bailli de Suffren, ce qu'on savait déjà de lui à bord des vaisseaux français et dans les ports de guerre, c'est qu'il était doué d'un courage qu'aucun autre ne pouvait surpasser, que sa corpulence (car il était d'une constitution physique qui tendait à l'obésité) ne lui enlevait rien de son activité ; qu'à une extrême vivacité d'esprit, à un prompt coup d'œil, il alliait des connaissances très étendues, et une grande élévation de caractère ; et qu'il avait souvent montré, dans son commandement particulier de capitaine, les qualités d'un excellent tacticien. On savait aussi qu'esclave du devoir, il était ferme et sévère pour ceux qui étaient placés sous ses ordres, mais jamais plus que pour lui-même. Le matelot, dont il était l'ami, le bienfaiteur silencieux, ne s'effarouchait pas trop d'ailleurs de cette rigueur dans le service, et n'en disait pas moins, en se souvenant d'avoir reçu pour lui-même ou pour sa famille les preuves discrètes de la paternité de son cœur : « Bon comme M. le bailli de Suffren. »

En 1781, ces deux éternelles rivales, la France et l'Angleterre, étaient en guerre flagrante : le théâtre de la lutte n'était plus en Europe ; mais il était à la fois sur les rivages de l'Afrique, de l'Amérique et de l'Asie. Dans les mers de l'Asie, la France avait à défendre contre les entreprises de sa rivale ses propres établissements et ceux des Hollandais, ses alliés, sur la côte de Coromandel et dans l'île de Ceylan. Il s'agissait, dans ce but, de renforcer une escadre qui se tenait en observation à l'Ile-de-France, sous les ordres du comte d'Orves, et de la mettre en état de prendre l'offensive. Il fallait surtout envoyer de ce côté-là un officier d'élite, capable de remplacer l'amiral, qu'on savait malade et languissant. Le choix tomba sur le commandeur de Suffren, un des plus anciens officiers de

son grade et le plus digne, incontestable-
ment, d'une pareille mission. En ce temps-
là, cet infortuné Louis XVI avait encore
quelquefois la main heureuse !

Suffren sortit de Brest au commencement du printemps de 1781, à la tête d'une
division de cinq vaisseaux de soixante-qua-
tre à soixante-quatorze canons, d'une cor-
vette de seize et d'un certain nombre de
bâtiments de transport contenant des troupes de débarquement et des munitions
de guerre. Il avait à bord le vieux et in-
fatigable marquis de Bussi, qu'il devait,
chemin faisant, déposer dans la colonie
hollandaise du cap de Bonne-Espérance,
avec quelques bataillons de troupes françaises. Bussi devait se rendre ultérieurement
sur le continent indien, où il avait com-
battu déjà avec gloire comme lieutenant de
Dupleix, et où il jouissait d'une haute renommée et d'une grande influence parmi
les indigènes. Les instructions de Suffren
portaient que s'il rencontrait une escadre
anglaise dans les parages du Cap, il la sur-
veillerait avec soin, l'attaquerait au besoin

1.

et l'empêcherait à tout prix de faire aucune
entreprise sur l'établissement hollandais.

Arrivé aux îles portugaises du cap Vert,
sur la côte occidentale du continent afri-
cain, Sufffren eut connaissance qu'une escadre anglaise était mouillée dans la baie
de la Praya, devant San-Yago, qui est la
principale de ces îles. Elle avait pour
commandant le commodore Johnstone, un
des marins les plus renommés de sa nation.
Placée dans un port neutre, elle devait se
croire à l'abri de toute attaque ; mais l'occasion parut trop belle à Suffren pour la
laisser échapper, et, sans autre souci que
de réduire Johnstone à l'impuissance de
rien tenter contre le Cap, il résolut de l'attaquer, même dans les eaux portugaises
et sous le canon des batteries de San-
Yago. Son dessein arrêté, il se détache de
sa division, monté sur le *Héros*, vaisseau de
soixante-quatorze, et suivi de deux autres
vaisseaux seulement. Il pénètre dans la
baie, et passe fièrement à travers une
multitude de bâtiments qu'il ne cesse de
cribler de boulets pendant plus d'une heure,

par un feu bien nourri de tribord et de babord. Ce fut un ravage et un désordre immense au milieu de l'escadre anglaise, qui avait à peine eu le temps de se reconnaître sous le coup d'une agression aussi hardie. Ce n'est pas que Suffren n'eût reçu, de son côté, plus d'une blessure ; mais il avait atteint son but, et avec ses trois vaisseaux plus ou moins désemparés, faisant toujours mâle contenance et ne se laissant pas approcher, il sortit aussi fièrement de la baie qu'il y était entré, et reprit sa route vers le cap de Bonne-Espérance, gagnant sur son adversaire l'avance que celui-ci avait eue d'abord sur lui.

Le commodore anglais, malgré l'état pitoyable de ses vaisseaux, s'était tout d'abord mis à la poursuite de son audacieux agresseur ; ce que Suffren apercevant, il s'était écrié : « Allons, point de manœuvre honteuse ! » Et, revirant de bord, il s'était aussitôt reformé en ligne de bataille pour attendre son adversaire. Sa ferme contenance en imposa à Johnstone, qui jugea prudent de retourner dans la baie de la

Praya. Les soins qu'il fut obligé de donner
à la réparation de son escadre l'y retin-
rent pendant seize jours. Ce qui laissa à
Suffren tout le temps de débarquer au cap
de Bonne-Espérance les secours qu'il avait
été chargé d'y conduire. Aussi le commodore Johnstone renonça-t-il à toute espèce
d'entreprise sur ce point, et se borna-t-il à
prendre directement la route des Indes.

Suffren avait heureusement rallié à l'Ile-
de-France l'escadre du comte d'Orves, qui
se trouva ainsi portée à douze vaisseaux de
ligne. Se sentant désormais en mesure de
prendre l'offensive, l'amiral, tout malade
qu'il était, se hâta d'appareiller pour les
rivages indiens. Suffren, qui conduisait l'a-
vant-garde, ayant fait rencontre de l'*Anni-
bal*, vaisseau anglais de cinquante canons,
s'en empara et l'ajouta à sa division.

La maladie du comte d'Orves s'était ag-
gravée durant la traversée; il mourut dans
les premiers jours de février 1782, comme
son escadre atteignait la côte de Coromandel, laissant le commandement général au
capitaine Suffren, qui se trouva ainsi mis en

possession de la cornette par la force même des choses. « Celui qui déjà était l'âme de l'armée, dit M. Léon Guérin, en devint la tête, et le mouvement, désormais, suivit la pensée avec le plus bel ensemble et la plus admirable activité. »

Dès le 15 février, le nouveau commandant de notre escadre des Indes se présenta devant Madras, pour provoquer l'escadre anglaise. Elle avait pour amiral un rival digne de Suffren, et avec lequel il était glorieux de lutter de bravoure et d'habileté : il se nommait sir Edouard Hughes. Depuis plus d'un an il régnait en maître dans ces parages : récemment arrivé de l'île de Ceylan, où il venait d'enlever, presque sans coup férir, le port de Trinquemale aux Hollandais, il occupait la rade de Madras avec dix vaisseaux, embossés d'une manière inattaquable. Alors Suffren porta au sud. Sir Hughes, croyant qu'il l'évitait, sortit de la rade et se mit à sa poursuite. Il s'empara de quelques vaisseaux de transport qu'une brise avait séparés de l'escadre, et qui s'étaient laissés atteindre par l'avant-garde ennemie. Suffren, qui marchait toujours en ligne, revire brusquement, et, malgré toutes les manœuvres de son adversaire pour éviter le combat, il le force à l'accepter dans des conditions désavantageuses.

Cette première affaire s'engagea le 17 février, à la hauteur de Madras. Elle n'eut qu'un résultat peu décisif, grâce à la brume, à la pluie et au temps orageux qui survinrent pendant l'action, et qui ne permirent pas au bailli de pousser les choses à bout. Il força néanmoins l'amiral anglais à quitter la côte de Madras et à regagner l'île de Ceylan, pour réparer ses nombreuses avaries dans le port de Trinquemale. Quant à Suffren, il cingla vers Pondichéry, notre principal établissement sur la côte de Coromandel, mais dont le fort était tombé depuis plusieurs mois au pouvoir des Anglais. Après avoir pris connaissance de ces parages, il alla effectuer à Porto-Novo le débarquement des troupes de terre qu'il avait à bord, et qui avaient été destinées à renforcer la garnison de Pondichéry. Il mouilla à Porto-Novo le 23 février : les trois mille Français qu'il y déposa s'emparèrent presque aussitôt du fort de Gondelour, un des points les plus importants de cette côte. Suffren reçut à Gondelour la visite du célèbre Haïder-Ali-Khan, régent du royaume de Mysore, qui luttait avec une persévérance souvent couronnée de succès contre les envahissements des Anglais. Il régla avec ce prince indien, que les Européens ont surnommé le *Frédéric de l'Est,* les conditions du concours que devaient lui prêter les troupes françaises, après quoi il reprit la mer et se mit à la recherche de sir Edouard Hughes. Il l'aperçut le 9 avril, lui donna la chasse, et bien que l'armée anglaise fît des efforts surhumains pour échapper à sa poursuite, il l'atteignit, la pressa et l'accula de manière qu'il ne lui resta plus d'autre ressource que de se résigner à une seconde bataille.

Cette nouvelle rencontre eut lieu le 12 avril 1782, à la hauteur de Provediérue, à l'est de l'île de Ceylan. Le combat se prolongea pendant cinq heures avec un grand acharnement, et surtout avec une rare habileté de manœuvres de part et d'autre; mais l'amiral anglais, voyant que les choses tournaient au plus mal pour lui, prit le parti de céder le champ de bataille : une brume épaisse qui s'éleva vers le soir protégea sa retraite, et lui permit de ramener son escadre tout éclopée dans la baie de Trinquemale. La plupart de ses vaisseaux étaient désemparés; plusieurs avaient perdu leurs capitaines et plus de la moitié de leurs équipages. Quand il eut regagné son abri, sir Edouard Hughes s'y tint coi tant qu'il vit l'escadre française à l'affût du moindre mouvement qu'il pourrait faire pour en sortir. Las de l'attendre, et ayant besoin lui-même de réparations, Suffren gagna le port hollandais de Tranquebar. Il y rallia à son escadre trois vaisseaux de cette nation, et y fut, en outre, rejoint par deux vaisseaux de ligne français, accompagnés d'un convoi de troupes et de munitions.

Il se trouvait alors à la tête d'une flotte

de dix-huit vaisseaux de guerre; ce qui lui suggéra le dessein de reprendre aux Anglais le bel établissement de Négapatnam et de le rendre aux Hollandais, auxquels il appartenait. Il se remet aussitôt en mer, dans la pensée d'accomplir ce coup de main; mais il est obligé de faire une station dans la rade de Gondelour, où il avait à déposer de nouvelles troupes et à ravitailler la garnison. Cependant, sir Hughes, informé de sa marche, et en devinant le but, s'était hâté d'accourir au secours de la garnison de Négapatnam, et lorsque, le 5 juillet 1781, Suffren arriva en vue de cette place, il y trouva l'escadre anglaise au mouillage. N'ayant pu surprendre la vigilance de son adversaire, il se décida à lui offrir le combat. Il voulait le faire immédiatement, mais un vent peu favorable et un grain qui endommagea fortement un de ses vaisseaux, le forcèrent de remettre l'affaire au lendemain. Elle s'engagea dès la pointe du jour, car les deux amiraux avaient employé toute la nuit à faire leurs dispositions de combat.

La bataille s'engagea à nombre égal de vaisseaux, onze contre onze. Les deux arrière-gardes restèrent inactives; non pas que celle des Français ne manifestât une vive intention d'en venir aux mains; mais elle provoqua vainement le flegme de l'arrière-garde britannique, qui s'obstina à se tenir à grande portée de canon. L'action dura près de six heures : les deux amiraux, Suffren sur le *Héros*, et sir Hughes sur le *Superbe*, échangèrent de vives et rudes bordées, et la journée eût indubitablement abouti à un résultat décisif en faveur des Français, si le bailli eût été également bien secondé par tous ses officiers, s'il eût pu inspirer à tous l'esprit dont il était animé, sa résolution, son coup d'œil rapide, son activité, si du moins tous les signaux eussent toujours été bien compris et strictement exécutés. D'ailleurs, une brise du large qui vint à s'élever rompit les deux lignes, et les jeta dans le plus grand désordre. Il fallut cesser de combattre pour se rallier de part et d'autre. Sir Hughes, dont l'habileté consistait principalement à ne pas s'entêter dans les luttes d'une issue douteuse pour lui, au lieu de ramener ses vaisseaux ralliés au combat, les poussa tout doucement au fond de la baie de Négapatnam. L'amiral français, resté en panne sur le champ de bataille, fut témoin de la fuite de ses adversaires, et se borna à lancer à leurs traînards quelques dédaigneux coups de canon, en guise de huées. Quand il les eut vu rentrés dans la rade, il se dirigea sur le port de Karikal, où il jeta l'ancre, à deux lieues seulement de l'escadre anglaise, dont il surveilla les mouvements pendant quelques jours. Elle resta dans l'inaction la plus complète, ce qui le détermina à retourner à Gondelour, pour y attendre une occasion meilleure de frapper un coup décisif.

Informé de son séjour à Gondelour, le sultan de Mysore, Haïder-Ali-Khan, fit près de cinquante lieues, avec une armée de quatre-vingt mille hommes, pour complimenter l'amiral français sur ses exploits et lui payer le tribut de son admiration.

Nous avons assez donné à entendre, un

peu plus haut, que dans le combat donné en vue de Négapatnam, Suffren avait eu à se plaindre de plus d'un officier de son escadre ; et ce qui le prouve, c'est qu'après le combat il se vit obligé de faire acte de sévérité envers trois de ces officiers. Il suspendit le capitaine du *Sévère,* nommé Cillart ; deux autres capitaines reçurent l'ordre de remettre leurs commandements ; l'un d'eux portait un nom célèbre dans la marine française : il s'appelait de Forbin ; c'était un petit-neveu de l'amiral qui fut le contemporain et l'émule des Jean Bart et des Duguay-Trouin. Il fallait des motifs bien graves pour que Suffren ne sentît pas sa sévérité fléchir devant un pareil nom !

Quant au capitaine du *Sévère,* voici ce qui était arrivé : dans un moment de faiblesse ou de lâcheté bien difficile à comprendre, et au milieu sans doute de la confusion dont nous avons parlé, cet officier avait baissé son pavillon devant l'ennemi. Rien ne pouvait justifier cette capitulation ; c'était un acte de vertige : aussi, quand la nouvelle en fut parvenue dans les batteries du vaisseau, les officiers refusèrent-ils d'y croire. L'un d'eux, appelé Dieu, était accouru sur le pont, et, voyant en effet le *Sévère* sans pavillon, il s'était répandu en paroles de reproches et de colère contre le capitaine, sans que celui-ci parût s'en émouvoir. Alors ce brave officier, ne pouvant plus contenir son indignation, dit à Cillart : « Vous êtes le maître de votre pavillon comme de votre honneur, et libre à vous de vous vautrer dans la honte! Mais sachez que ni moi ni mes camarades ne sommes disposés à imiter votre lâcheté et à partager votre ignominie, et nous allons continuer le combat. » Ces paroles dites, l'intrépide Dieu était redescendu dans les batteries, et le feu avait recommencé de plus belle. D'habiles manœuvres avaient achevé de dégager le vaisseau français, et Cillart s'était enfin décidé à rehisser son pavillon. Mais on se souvint longtemps de sa déplorable défaillance, et l'on disait dans le corps de la marine, « qu'un jour le capitaine du *Sévère* avait voulu se rendre aux Anglais, mais que *Dieu* ne l'avait pas permi.s »

Il n'est que trop vrai que le bailli de Suffren n'avait pas trouvé dans l'état-major du comte d'Orves l'élite de la marine française ; et il avait besoin de beaucoup de fermeté et d'énergie pour ramener sur ses vaisseaux le sentiment du devoir et de la discipline. Peu de temps avant l'affaire du 6 juillet, plusieurs officiers avaient témoigné une grande impatience de retourner dans l'Ile-de-France, sous le prétexte de l'impossibilité de tenir plus longtemps la mer, et de l'inutilité et des dangers inévitables d'un plus long séjour à la côte. Ces observations avaient été suivies de sourdes rumeurs et de récriminations à voix basse, mais amères, contre le bailli, qu'on accusait de sacrifier la santé et la vie de ses équipages, aussi bien que le matériel de l'Etat, au désir de faire parler de lui et de satisfaire son ambition. Ces bruits étant parvenus aux oreilles de Suffren, il en avait été aussi indigne que surpris. « Quoi ! disait-il, nous retirer dans les circonstances où nous sommes ! fuir devant une escadre anglaise que nous pouvons combattre à forces égales! abandonner cinq mille soldats français qui combattent sur le continent indien à la merci de leurs ennemis! Quels sont les lâches qui osent faire de pareilles propositions, et qui comprennent si mal l'honneur du pavillon? Qu'ils viennent, et ils apprendront mes résolutions; elles sont conformes aux instructions qui m'ont été données, et, tant que je vivrai, tant qu'il me restera un vaisseau, je maintiendrai sur les mers l'honneur du pavillon français. Il n'y a pas de retour possible avant la paix. » Les murmures et les récriminations s'arrêtèrent; mais le brave amiral avait compris qu'il devait redoubler de vigilance et de sévérité : ainsi fit-il, et tint le frein de la discipline d'autant plus serré que celui de l'honneur semblait s'être relâché davantage parmi les hommes qu'il avait à commander.

Cependant Suffren avait appris que l'escadre anglaise s'était éloignée de Trinquemale. Il sortit aussitôt de Gondelour pour aller faire le siége de cette place. Les Anglais, pris à l'improviste, le laissèrent pé-

nétrer dans la rade; il descendit à terre,
fit élever de nouvelles batteries et construi-
sit des retranchements. La garnison du fort
fit une sortie, mais elle fut reçue avec une
telle vigueur, qu'elle eut à peine le temps
de se réfugier précipitamment dans ses
casemates. Le neuvième jour du siége
(30 août 1782), les batteries françaises
avaient ouvert la brèche dans les flancs du
fort principal; sommé de se rendre, et n'espérant aucun secours, le capitaine anglais
capitula. Le lendemain, la garnison d'Os-
tembourg, fort voisin, en fit autant; ce qui
permit aux Français d'arborer leur pavillon
sur tous les points de la baie. Ainsi, le
bailli de Suffren se trouvait maître d'un
des plus beaux ports de l'Inde, et cette
conquête importante le dédommageait bien
du coup manqué sur Négapatnam.

Ce fut pendant qu'il était occupé à ce
siége si rapide et si vigoureux qu'on lui
apporta un message du grand-maître de
l'ordre de Malte, qui, en le félicitant de ses
succès, lui annonçait sa promotion à la dignité de-bailli.

Le 3 septembre 1782, trois jours après la prise de Trinquemale, on signala au large l'escadre de sir Edouard Hughes. « Nous avons le mouillage, s'écria Suffren, il nous faut maintenant la flotte ! » Et cela dit, il fait rembarquer ses troupes, retourne à bord du *Héros*, et se dispose à chauffer la lutte navale, comme il avait chauffé le siége. Mais sir Hughes n'était pas homme à se livrer ainsi : quand il eut reconnu que c'était le pavillon français qui flottait sur les forts et dans la rade, il revira de bord et s'éloigna. Suffren, qui croyait voir lui échapper une proie certaine, fit appareiller à toutes voiles pour se mettre à sa poursuite. On était loin de partager son ardeur et sa confiance dans son état-major. Plusieurs de ses capitaines lui représentent qu'il serait peut-être prudent de ne pas courir après une aventure, et d'imiter en cela la conduite de son adversaire, vieil habitué de ces mers si difficiles à tenir, et qui n'avait jamais accepté une bataille qu'à son corps défendant. La possession de Trinquemale assurait à notre escadre un

bon port pour l'hivernage et un rendez-
vous commode pour les convois qu'on attendait; que pouvait-on désirer de plus?
Après avoir en quelque sorte présenté le
combat aux Anglais en appareillant à leur
vue, on pouvait se contenter de les avoir
vus décliner ce défi et battre en retraite à
l'aspect de nos vaisseaux. C'était une assez
belle satisfaction donnée à lamour-propre
de l'amiral et à l'honneur du pavillon.

Ces considérations commençaient à
ébranler Suffren, lorsque l'officier qui
avait été chargé de reconnaître l'escadre
ennemie vint lui apprendre qu'elle ne se
composait que de douze vaisseaux. Suffren
en avait quatorze à lui opposer. — « Mes-
sieurs, dit le brave amiral à ses officiers, si
l'ennemi était en forces supérieures, je
me retirerais; contre des forces égales,
j'aurais de la peine à prendre ce parti ; contre des forces inférieures, il n'y a pas à ba-
lancer, il faut combattre. » Et les ancres
furent levées.

L'armée anglaise était déjà à sept lieues
au large ; on ne put la rejoindre que sur les

deux heures après midi. Suffren avait donné le signal d'arriver; mais, comme le mouvement ne s'exécutait pas avec toute la promptitude désirable, il fit appuyer son signal par des coups de canon. On crut alors, dans les batteries, que c'était le commencement du combat, et les bordées partirent; les Anglais ripostèrent, et, dès ce moment, le combat devint général. Cependant la ligne des Français n'était pas encore régulièrement formée, et une bataille engagée dans ces conditions ne pouvait être qu'une bataille perdue. Suffren, désespéré, mais toujours maître de lui, multipliait les signaux à chaque division et pour ainsi dire à chaque vaisseau; il était admirable d'activité et de présence d'esprit : tous ses efforts, cependant, furent impuissants à établir l'ordre stratégique dans la ligne française, tandis que celle de l'ennemi, au contraire, était parfaitement formée, et maintenait le désordre de notre escadre par un feu régulier et bien nourri.

Trois vaisseaux seulement, faisant corps de bataille, soutenaient tout le poids du combat. C'étaient le *Héros*, où flottait le pavillon de l'amiral, et ses deux gardes de pavillon : l'*Illustre*, capitaine Desbruyères, et l'*Ajax*, capitaine de Beaumont le Maître. Rien n'était beau, rien n'était sublime comme l'attitude mâle et vigoureuse de ces trois vaisseaux en face d'un ennemi prêt à les écraser ; ils multipliaient les foudres de leurs batteries, pour ne pas laisser sans riposte un seul coup de leurs adversaires, doubles en nombre, mais qu'ils tenaient en respect à force d'audace et d'activité. Il était à craindre, cependant, qu'un mouvement de l'avant-garde anglaise ne mît la petite division entre deux feux. Ce danger fut prévu et conjuré par l'intrépidité du chevalier de Saint-Félix, qui commandait l'*Artésien*. Cet officier, se portant rapidement en travers de cette avant-garde, combattit à lui seul les trois vaisseaux dont elle se composait. Il en maltraita deux d'une telle sorte, qu'ils furent obligés de quitter la ligne, et tint en respect le troisième. L'un des capitaines anglais avait été tué sur son bord. Cette belle et vaillante action du capitaine Saint-Félix sauva indubitablement le bailli de Suffren ; elle épargna à toute l'escadre une défaite qui paraissait inévitable. Le gros de cette escadre, tombé en calme, pouvait à peine manœuvrer, et paraissait condamné à demeurer spectateur immobile de la perte de son amiral.

Pour comble de malheur, le feu prit à l'un de ses vaisseaux, le *Vengeur*. La flamme, qui sortait par torrents de toutes les ouvertures, effraya les vaisseaux voisins, et ils forcèrent de voiles pour s'en éloigner : ce mouvement mit le comble au désarroi qui régnait déjà dans une partie de l'escadre.

Décidément cette journée était marquée pour Suffren au coin de la fatalité : désespéré de tous ces contre-temps, persuadé, d'ailleurs, que la plupart de ses capitaines l'avaient abandonné, l'intrépide amiral ne songeait plus qu'à s'ensevelir glorieusement dans sa défaite. « Presque toute la mâture de son vaisseau avait croulé, dit un de nos historiens maritimes ; il s'aperçoit, aux cris de joie de l'armée ennemie, que son pavillon de commandement est abattu. « Des pavillons ! s'écrie alors Suffren avec une sorte de délire ; des pavillons ! qu'on en mette partout ! que l'on en couvre mon vaisseau ! » Et à l'accent dont il donnait cet ordre, on voyait bien que de ces nobles étendards il voulait s'en faire un linceul ; car, l'œil étincelant de fureur, il courait sur la dunette s'offrir aux boulets ennemis. Mais sa rage héroïque fit son salut. Malheur à qui serrait de trop près le *Héros !* Le *Worcester* et le *Sultan* y perdirent tous deux leurs capitaines, Wood et Waths, braves gens, mais qui n'étaient pas de taille à lutter contre le désespoir de Suffren. Le *Superbe,* vaisseau amiral anglais, que le *Héros* avisait entre tous, était criblé de boulets. Enfin, la longue résistance du grand homme laissa aux vaisseaux français le loisir de se rejoindre, puis la nuit qui vint fit cesser le combat . »

Le *Héros,* qui avait soutenu sans succomber cette gigantesque lutte, était jonché de corps sanglants et mutilés. Deux lieutenants, un enseigne et quatre-vingt-douze hommes d'équipage avaient été tués du côté des Français; un capitaine, trois enseignes, six autres officiers et trois cent quatre-vingt-quatre hommes d'équipage avaient été blessés. On pense bien que les trois vaisseaux qui avaient subi pendant toute la durée du combat le feu incessant de l'ennemi ne pouvaient être que dans un état pitoyable.. Malgré leurs nombreuses et profondes blessures, ils purent néanmoins rentrer dans le port de Trinquemale, tandis que l'*Orient*, qui n'avait pris aucune part au combat, soit fatalité, soit maladresse des hommes du bord, toucha pendant la nuit sur une roche à l'entrée de la baie et sombra; on fut assez heureux, néanmoins, pour sauver l'équipage et les effets.

Il y aurait lieu peut-être de reprocher au bailli de Suffren son obstination à courir après cette malheureuse affaire du 3 septembre, contre l'avis de la plupart de ses officiers; l'opportunité du combat était sans doute contestable; mais Suffren avait les plus fortes raisons de se défier des conseils de son état-major ; il n'y comptait qu'un petit nombre d'officiers susceptibles de résolutions et d'actions héroïques. D'ailleurs, l'occasion était si belle, qu'un général aussi brave, aussi résolu que le bailli, ne pouvait manquer de s'y laisser tenter ; et l'on a vu qu'il avait fallu une suite fatale de contre-temps et de malentendus inexplicables pour lui donner tort. Plus d'habileté ou de bon vouloir de la part de tant de capitaines, qui l'avaient laissé se sacrifier à l'honneur du pavillon sans épuiser tous leurs efforts pour le seconder, et il eût peut-être dominé la fortune et inscrit une victoire de plus dans les fastes de notre marine. En voyant le bailli de Suffren si mal secondé dans la plupart des occasions où il eut à lutter contre son habile et prudent rival, on ne peut qu'admirer davantage les beaux résultats par lui obtenus dans sa mémorable campagne de l'Inde.

Tandis que sir Edouard Hughes était obligé de se retirer vers Madras, en faisant remorquer son vaisseau le *Superbe*, criblé des blessures que lui avait faites le *Héros*, Suffren se hâtait de réparer ses avaries dans la baie de Trinquemale. Grâce à son activité, il lui avait fallu moins de quinze jours pour être en état de reprendre la mer, et il arrivait assez tôt dans la baie de Gondelour pour protéger ce port important contre une surprise qu'avait méditée l'amiral anglais. Puis, le temps de l'hivernage étant venu, et ne trouvant pas les mouillages assez sûrs, pour cette saison, sur la côte de Coromandel, il alla se mettre à l'abri dans la baie d'Achem, à la pointe septentrionale de l'île de Sumatra. Les Anglais, de leur côté, se retirèrent à Bombay.

Dès que le temps le permit, Suffren reprit la mer; et, croisant le long des côtes d'Orixa et de Coromandel, il enleva aux Anglais une de leurs frégates et un convoi de plusieurs bâtiments de transport ou de commerce. La côte orientale de la Péninsule indoustanique était, pour ainsi dire, tenue en état de blocus par l'escadre française, toute faible qu'elle était, de l'embouchure du Gange à la baie de Madras, sans que l'amiral anglais osât sortir de son mouillage pour s'y opposer. Après avoir ainsi établi la suprématie de son pavillon dans ces parages, Suffren vint de nouveau jeter l'ancre dans la baie de Trinquemale, dont il avait résolu de faire le centre et le point d'appui de ses opérations pour la campagne qui allait s'ouvrir. Il y fut bientôt rejoint par le marquis de Bussi, qui lui amenait de l'Ile-de-France trois vaisseaux de ligne, une frégate et trente-deux transports, sur lesquels étaient deux mille cinq cents hommes de troupes de débarquement et des munitions de guerre en abondance.

Sir Edouard Hughes, qui venait de recevoir aussi des renforts considérables, dont il avait d'ailleurs grand besoin, se hâta d'en profiter pour aller établir, avec dix-huit vaisseaux de ligne, le blocus maritime de la place de Gondelour, en même temps qu'elle était investie par une armée de terre. Les Français qui formaient la garnison de cette place, abandonnés à eux-mêmes, allaient être forcés de capituler, lorsque des bâtiments portant le pavillon de France apparurent à l'horizon. C'était Suffren, qui, à la tête d'une escadre composée de quinze vaisseaux seulement, accourait pour rompre le blocus. A la vue de ces vaisseaux français qui s'avançaient dans le plus bel ordre, sir Edouard Hughes fit lever l'ancre, forma à son tour sa ligne de bataille, et se porta au large pour éviter de combattre sous le vent de son adversaire. C'était une faute, néanmoins, dont Suffren se hâta de profiter, pour s'approcher de terre et communiquer avec Bussi, qui avait pris le commandement de la place, et qui renforça les équipages de l'escadre de douze cents Européens et cipayes. Muni de ce renfort, l'amiral ne songea plus qu'à faire naître et à saisir l'occasion d'engager avantageusement le combat avec son habile adversaire.

Pendant deux jours et demi les deux escadres ne cessèrent de s'observer et de manœuvrer : les Anglais, pour gagner le vent, les Français, pour le conserver. C'é-

tait une magnifique partie, jouée sur l'é-
chiquier maritime par deux joueurs de première force. Las enfin de perdre le temps
à cette stratégie savante, mais sans résultat, ce fut Suffren qui arbora le premier
le signal du combat et qui fit tirer les premiers coups. Cette fois, il avait été obligé
de laisser à un autre le commandement
du *Héros*, ce glorieux théâtre de ses exploits depuis plus de deux ans, pour se
conformer à une ordonnance récente qui
prescrivait au commandant en chef d'une
escadre de se tenir à bord d'une frégate
pendant le combat. L'affaire s'engagea le
20 juin 1783, sur les six heures du soir,
et ce ne fut, à proprement parler, qu'une
vive canonnade qui se prolongea pendant
près de trois heures. Les Anglais, malgré
la supériorité de leur nombre, furent les
premiers à faire taire leurs batteries ; ils se
retirèrent à la faveur de la nuit. Pour la
quatrième fois, le bailli de Suffren restait
maître du champ de bataille, et, cette
fois, le succès était aussi décisif que com-
plet ; le blocus de Gondelour avait été
définitivement levé du côté de la mer.

L'escadre victorieuse se mit en panne pour attendre le retour du jour ; mais laissons ici parler un historien auquel nous avons déjà fait plus d'un emprunt pour cette esquisse : « La joie des assiégés fut extrême, dit M. Léon Guérin, lorsque, avec les premiers rayons du soleil ils virent leur pavillon national qui flottait dans la rade à la place du pavillon d'Angleterre. Ils accouraient et se pressaient sur le rivage pour saluer, pour remercier, par des cris d'allégresse, l'immortel Suffren. Bussi lui-même, entouré de son état-major, attendait le vaillant marin sur la plage. « Le voilà, dit-il, dès qu'il l'aperçut, voilà notre sauveur ! » A ces mots, les cris de joie redoublent, et, d'échos en échos, ils vont jeter le trouble dans le camp ennemi. Le bailli de Suffren, qui seul paraît étonné de son triomphe, se voit enlevé dans un magnifique palanquin, et c'est ainsi qu'il entre dans Gondelour, porté par les soldats français, qui ont forcé les noirs à leur céder cet honneur. »

Peu de jours après, on reçut dans ces parages éloignés la nouvelle officielle que les préliminaires de la paix avaient été signés à Versailles depuis plus de quatre mois. A ce message était joint l'ordre de cesser immédiatement toute hostilité sur la mer et sur le continent indiens. Des ordres identiques arrivaient en même temps à l'escadre anglaise. Il ne restait plus à l'intrépide et habile amiral, qui avait si vaillamment relevé l'éclat de notre pavillon dans ces contrées, qu'à retourner en France, pour y jouir de sa gloire et y recevoir la récompense deses services.

A son retour, Suffren relâcha au cap de Bonne-Espérance ; ému au spectacle de la détresse dans laquelle il trouva la colonie hollandaise, il fit verser dans sa caisse cent trente mille livres, provenant de la vente de prises qu'il avait faites sur les Anglais dans le cours de son expédition.

Rentré en France, à la fin de mars 1784, après une absence de trois années, il y fut comblé d'honneurs. On frappa à son effigie une médaille où sa longue et glorieuse expédition était résumée en ces quelques mots :

Le Cap protégé. — Trinquemale pris.
Gondelour délivré. — L'Inde défendue.
Six combats glorieux.

Louis XVI, qui honorait la valeur, et qui attachait un grand prix à la gloire maritime, reçut le vainqueur de Trinquemale et de Gondelour avec beaucoup de distinction. Il le nomma chevalier de ses ordres, lui accorda les grandes entrées à Versailles, et créa tout exprès pour lui une cinquième charge de vice-amiral de France.

La Hollande devait quelque reconnaissance à l'amiral français : elle s'en acquitta noblement et dignement. Les états-généraux décernèrent à Suffren une médaille commémorative des services qu'il leur avait rendus au Cap et dans la mer des Indes, et décrétèrent que son buste en marbre serait placé dans la salle de leurs délibérations, à côté de ceux de Ruyter et de Tromp. Enfin, ils lui firent remettre, par l'ambassadeur des Provinces-Unies à la cour de France, une épée d'honneur enrichie de diamants.

On peut dire que nul nom ne fut, à cette époque, plus populaire que celui du bailli de Suffren. « Il devint, dit le brillant auteur de l'*Histoire maritime de France*, l'idole de la foule, et il ne pouvait paraître en public, que l'admiration excitée par le souvenir de ses exploits ne s'élevât jusqu'à l'enthousiasme. »

Suffren mourut en 1788, âgé de soixante-deux ans.

VIE

DE

CLAUDE FORBIN.

Appartenant à une noble famille de Provence, vouée depuis longtemps à une carrière maritime, Claude de Forbin commença à servir très jeune sur les galères royales, sous les auspices d'un de ses oncles, le capitaine Forbin-Gardanne. Doué des qualités essentielles du marin, la promptitude du coup d'œil, l'audace et l'intrépidité, tout lui promettait un avancement rapide, s'il n'avait pas été trop souvent écarté du droit chemin par les emportements d'une jeunesse orageuse et dissipée. Aussi ne fut-ce qu'après plus de trente années de services signalés par mille traits de bravoure et par plus d'un succès brillant, après avoir été distancé de beaucoup par ses contemporains, que, grâce à la déconsidération que sa conduite privée fit longtemps peser sur sa personne, il lui fut enfin donné de pouvoir arborer sur son vaisseau la cornette de chef d'escadre.

A vingt-deux ans, à la suite d'un duel où il tua son adversaire, et dont la cause n'était rien moins qu'honorable, à ce qu'il paraît, il fut poursuivi criminellement et condamné à mort par le parlement d'Aix. Ce ne fut pas sans peine que sa famille, fort bien appuyée en cour, put obtenir des lettres royales de rémission. On se hâta de l'éloigner du théâtre de sa mésaventure judiciaire, en le faisant partir sur un des vaisseaux de la flotte que l'amiral Jean d'Estrées conduisit, en 1678, à la conquête de l'île de Tabago. Il servit ensuite comme enseigne sous les ordres du grand Duquesne, et prit part aux deux expéditions de cet illustre amiral contre Alger, qu'il bombarda si terriblement à quelques mois de distance, en 1682 et l'année suivante.

La belle conduite du jeune Forbin lui va-
lut, au retour, le grade de lieutenant, et il
eut immédiatement l'honneur de commander en cette qualité la frégate qui conduisit à Lisbonne le marquis de Torci, envoyé
par Louis XIV pour complimenter sur son
avénement au trône don Pèdre de Bra-
gance, frère et successeur de l'imbécile
Alphonse VI (1683).

Bientôt se présenta une occasion de donner au jeune officier une mission conforme
à son esprit amoureux d'aventures et de
nouveautés. Louis XIV, au grand contente-
ment de la France, avait reçu à Versailles
un ambassadeur du roi de Siam ; autant par
politique que par politesse, il voulut rendre
ambassade pour ambassade. Forbin fut
chargé d'armer à Brest les deux vaisseaux
qui devaient conduire dans l'Indo-Chine
l'envoyé du grand roi et sa suite. Celle-ci se
composait en grande partie de missionnaires
auxquels le monarque très chrétien avait
confié le soin de convertir à la foi le roi
de Siam et ses sujets. C'était l'époque du

règne intime de madame de Maintenon et du père Lachaise, l'année même qui devait voir éclore la révocation de l'édit de Nantes, et Louis XIV, rassasié de conquêtes, mettait alors sa gloire à faire de la propagande religieuse dans les régions lointaines comme à l'intérieur. Forbin et la légation française mirent à la voile le 3 mars 1685, et six mois après, le 23 septembre, ils arrivèrent à la barre de Siam, formée par le dégorgement du fleuve Meïnam.

Forbin eut un grand succès auprès du despote siamois; car, au départ de l'ambassadeur de France, ce prince, voulant absolument que le jeune officier restât auprès de lui, lui conféra le double titre d'amiral de sa flotte et de général de ses armées. Ce n'était peut-être qu'une double sinécure, vu la situation des choses dans l'empire de Siam ; mais c'en fut deux fois plus qu'il n'en fallait pour attirer à l'officier français la jalousie du premier ministre de l'empereur. Malgré la faveur dont il jouissait, Forbin ne tarda pas à

trouver la position aussi dépourvue de sé-
curité que d'agrément : aussi s'em-
pressa-t-il de saisir la première occasion
qui s'offrit à lui de se rembarquer pour la
France, où il rentra en 1688. S'étant, à
son retour, présenté à Versailles, Louis XIV
lui demanda ce qu'il pensait du royaume
de Siam. « C'est un pays, dit Forbin, qui
ne produit rien, et qui ne consomme rien.
— C'est dire beaucoup en peu de mots, »
répliqua le roi.

La guerre était alors flagrante de toutes parts, et l'amiral démissionnaire de
l'empire de Siam, redevenu lieutenant de
vaisseau dans sa patrie, ne tarda pas à ren-
contrer plus d'une occasion de se signaler.
Il avait été envoyé, avec le célèbre Jean
Bart, à l'escadre de Flandre, qui détachait
incessamment du port de Dunkerque ses
plus hardis officiers, soit pour se mettre à
la piste des convois d'Angleterre et de la
Hollande, soit pour protéger nos flottilles
marchandes contre les croisières des deux
nations ennemies. Nous avons raconté dans
la Notice de Jean Bart une aventure de

mcr que nos deux intrépides marins eurent
ensemble, dans la Manche, en 1689; nous
ne reviendrons pas sur ces détails, mais
nous rappellerons à cette occasion un trait
qui fait le plus grand honneur au caractère
du marin provençal. Echappé, comme nous
l'avons dit dans l'article auquel nous prions
le lecteur de se reporter, de sa prison de
Plymouth, et admis auprès de Louis XIV,
qui lui remit à cette occasion un brevet
de capitaine et une gratification, il vit
qu'on semblait oublier son compagnon de
gloire et d'infortune, Jean Bart, qui n'a-
vait pas l'honneur d'appartenir comme lui
à une famille titrée et blasonnée. En rece-
vant la récompense qu'il avait si bien mé-
ritée, il osa rappeler au roi les services de
son camarade Jean Bart. « C'est trop
juste, » dit Louis XIV. Et, se tournant
vers le ministre Louvois, le monarque
ajouta : « Monsieur de Louvois, qu'il soit
pris note de ce que vient de dire le chevalier de Forbin. Il a fait là une action bien
généreuse, et qui n'a pas assez d'exemples
dans ma cour. » Du reste, il est juste d'a-

jouter que, si Louvois, ministre de la guerre, était susceptible d'être peu touché du mérite personnel d'un marin roturier, il n'en était pas de même de Seignelay, fils de Colbert, et qui avait alors le département de la marine. Sa noblesse, à lui, n'était pas de si vieille date, et il connaissait trop Jean Bart pour ne pas l'apprécier tout ce qu'il valait.

Nous ne suivrons pas le chevalier de Forbin dans toutes les actions particulières où il eut occasion de se signaler sur les escadres royales jusqu'à la paix de Riswick (1697). Il nous suffira de dire que son nom se trouve toujours cité avec honneur, dans cette période de notre histoire maritime, à côté de ceux des Jean Bart, des Nesmond, des Cassart et des Duguay-Trouin, combattant isolément ou sous le commandement des d'Estrées, des Tourville et des Château-Regnaud.

En 1702, au commencement de la guerre suscitée par la succession d'Espagne, le capitaine Forbin, à la tête de deux frégates, fut chargé d'une croisière dans la mer

Adriatique. Il avait pour mission d'intercepter les secours que l'empereur d'Allemagne essayerait d'envoyer à l'armée que commandait le prince Eugène de Savoie, et qu'il avait opposée à celle que Louis XIV et Philippe V entretenaient dans le Milanais. Ses instructions prescrivaient au chef de la croisière française de ménager les susceptibilités de la république de Venise, qui était en paix avec la France, et qui, malgré sa déchéance, conservait sa vieille prétention d'être la reine de l'Adriatique. Mais Forbin crut s'apercevoir que le sénat de Venise, loin de se maintenir dans une ligne de parfaite neutralité, agissait de connivence avec l'empereur et le favorisait au détriment de la France. Dès-lors, se laissant aller à toute l'impétuosité de son caractère méridional, il résolut de faire sentir à la république combien il était dangereux de s'exposer aux représailles de la France. Son escadre ayant été renforcée de deux frégates, Forbin s'estima en mesure d'agir en maître à l'égard des Vénitiens. Il ne laissa plus passer aucun de leurs bâtiments sans le visiter, faisant jeter à la mer la cargaison de ceux qui lui paraissaient suspects; il en brûla même quelques-uns. Une flotte de quatre-vingts navires, se rendant de Venise à Trieste, s'était vu barrer le passage, et le terrible capitaine se disposait à la livrer aux flammes lorsqu'il reçut de l'ambassadeur de France à Venise, dont sa fougue compromettait au plus haut point la diplomatie, l'ordre de les relâcher. Ce ne fut pas sans une vive indignation que Forbin obéit à une pareille injonction; mais il suivit de près la flotte vénitienne, et alla bloquer le port de Trieste pour empêcher tout convoi d'en sortir. Notre ambassadeur, ému par les représentations du sénat, qui revendiquait, avec toute apparence de raison, le droit exclusif de faire la police sur les mers de sa dépendance, ordonna à Forbin de sortir du golfe de Trieste. Il fallut encore se soumettre à la direction du diplomate; mais, ainsi que Forbin l'avait prévu, les Vénitiens n'empêchèrent nullement les secours destinés à l'armée impériale de sortir de Trieste et d'arr.ver à leur destination. Alors l'ambassadeur de France, se tenant pour joué par le gouvernement de Venise, donna carte blanche au chef de la croisière française, pourvu qu'il y mît certaines précautions et sauvât les apparences; car il ne voulait pas se trouver dans la nécessité de demander ses passeports à la république. Il signala à Forbin un vaisseau anglais de cinquante canons, que les agents de l'empereur avaient fait armer secrètement dans le port de Venise, et lui ordonna d'y mettre le feu.

Forbin, heureux de voir la diplomatie abonder enfin dans ses propres idées, et désireux de gagner dans cette campagne le titre de chef d'escadre, auquel il aspirait depuis longtemps, et non sans les droits les plus réels, se hâta d'exécuter l'ordre de destruction qu'il venait de recevoir. Il espérait que la ville des Lagunes recevrait bien quelques étincelles de l'incendie qu'il allait allumer. Voici comment le fait est raconté dans les Mémoires publiés sous son nom.

Il met en mer ses deux chaloupes et son canot, y embarque cinquante hommes d'élite, leur donne en signe de ralliement des cocardes blanches, et part. La mer était calme ; il faisait un magnifique clair de lune. A l'entrée du port, il rencontre un bateau pêcheur monté par deux hommes. Il s'avance vers eux, et leur fait demander, par un Italien de son équipage, des nouvelles du vaisseau anglais, ajoutant qu'ils appartenaient à son bord, et que, surpris par les Français, ils avaient été indignement dépouillés par eux, et n'étaient parvenus à leur échapper qu'au péril de leur vie. « Ah ! le chien de Forbin ! s'écrient les pêcheurs vénitiens, quand en serons-nous débarrassés ? Il n'est plus permis de sortir des Lagunes !... » Cela dit, ils s'empressent d'indiquer aux prétendus Anglais le vaisseau qu'ils cherchaient.

Forbin se dirige vers lui, et le reconnaît bientôt au léopard doré qui brille à sa poupe. En l'abordant, il s'aperçoit que les sabords de la sainte-barbe sont restés ouverts. Voilà un passage trouvé pour pénétrer sans bruit dans le navire, et y semer de prime-abord la confusion et la terreur. Il fait entrer par là son maître nocher et deux soldats, qui commencent à mettre à mort cinq à six matelots à moitié endormis. A l'instant même il saute, intrépide et la hache au poing, sur le tillac, en criant : « Tue ! tue ! » Les soldats qui l'ont suivi font main basse sur les premiers qui se présentent à eux, la plupart sans armes et en chemise. Forbin va droit à la grand'chambre, où sont ordinairement les armes, étend à ses pieds tous ceux qui essayent de s'opposer à son passage, se rend maître du château de devant, se précipite vers la chambre du conseil, où le capitaine du vaisseau, son gendre et ses deux fils s'étaient retirés, et dont ils défendaient l'entrée avec la vigueur du désespoir. Forbin fait fendre la cloison à coups de hache, jette plusieurs grenades au milieu de la chambre, et force ainsi ceux qui s'y étaient retranchés à capituler. Ceux qui étaient aux entre-ponts se jettent à la mer par les sabords et se sauvent à la nage.

Forbin était maître du vaisseau, mais beaucoup d'Anglais se tenaient réfugiés dans la cale : il leur fait crier qu'ils aient à se rendre en toute hâte s'ils ne veulent pas sauter avec le vaisseau ; ils remontent sur le tillac au nombre de vingt-sept. Le vainqueur les fait passer sur son canot, avec le capitaine, son gendre et ses deux fils, et, s'étant assuré que le vaisseau avait été évacué de toute âme vivante, il y fait mettre le feu en trois endroits, et se rembarque à la lueur de l'incendie qui va dévorer, aux yeux des Vénitiens, un navire décoré des armes de la perfide Albion.

Bientôt la flamme eut envahi le corps même du vaisseau ; les canons, chargés à boulets, partirent d'eux-mêmes, et lancèrent leurs projectiles jusqu'aux palais qui se mirent si complaisamment dans les canaux qui forment les rues de Venise *la belle*. Enfin, le feu ayant gagné jusqu'à la soute aux poudres, ses débris sautèrent en l'air avec un horrible fracas qui réveilla les habitants de la cité mollement endormie, pour

les livrer à toutes les angoisses de la terreur.

Devenu maître du golfe par ce coup, de
main, Forbin redoubla de vigilance et de
rigueur dans sa croisière ; il arrêtait impi-
toyablement tout vaisseau qu'il ne trouvait pas muni de passeports réguliers. Il
alla bombarder Trieste, où se faisaient les
armements destinés à l'armée impériale.
Il préparait le même sort au port de
Fiume, dans le golfe d'Istrie, mais la ville
se racheta par une capitulation de qua-
rante mille écus. Toutefois, Forbin ne
toucha pas le prix de cette capitulation ;
pendant les vingt-quatre heures qu'il avait
imprudemment accordées au gouverneur
pour se libérer, des secours puissants survinrent, et forcèrent l'escadre française à
lever l'ancre. La saison étant fort avancée,
le capitaine Forbin rentra à Toulon, où il
ne trouva point, comme il l'avait espéré,
sa commission de chef d'escadre.

Il dévora son dépit, espérant bien forcer
le gouvernement du vieux Louis XIV et son
peu digne ministre de la marine, Jérôme

le Pontchartrain, à lui rendre enfin justice.
En attendant, il ne laissait échapper aucune occasion de mettre en relief le pavillon de la France. Voici, à ce sujet, un
des traits consignés dans ses Mémoires :

Sur la fin de l'année 1703, Forbin, devenu comte de Janson par la mort de son
père et de son frère aîné, escortait une
flotte marchande destinée pour le Levant.
Arrivé à l'entrée de l'Archipel, il aperçoit
un vaisseau de soixante-dix canons et de
trois cents hommes d'équipage. Il lui
donne la chasse, et, dès qu'il se trouve à
portée de voix, il demande à qui appartient
ce bâtiment. « A Venise, lui répond-on.
— Saluez le pavillon du roi de France,
crie-t-il au capitaine. — Je suis dans les
mers de la république, et je ne salue personne, » répond le Vénitien. Sur cette réponse, Forbin se dispose à l'attaquer. Le
Vénitien s'en aperçoit, et demande le nom
du capitaine auquel il a affaire. On lui
nomme le comte de Forbin. « Eh bien ! ne
tirez pas, je vais saluer M. le comte de
Forbin ! — Pas d'équivoque ! s'écrie celui-

ci ; saluez le pavillon du roi, sinon je vous envoie toute ma bordée. » Le Vénitien trouva qu'il était prudent de s'exécuter, et, sans autre objection, il fit l'acte de déférence qui lui était si impérieusement prescrit.

L'année suivante (1704), Forbin avait reçu le commandement de l'escadre de Flandre, bien qu'on s'obstinât toujours à lui faire attendre le titre d'officier général. S'il faut en croire les Mémoires de Forbin, lorsqu'on lui confia ce poste d'honneur, il demanda au ministre qu'on lui laissât carte blanche. « C'est au-dessus de mon pouvoir, dit le ministre ; il faut en parler au roi. » La question fut immédiatement soumise à Louis XIV, qui répondit · « M. de Forbin a raison ; il faut se fier à lui et le laisser faire. » Lorsque le nouveau commandant de l'escadre de Flandre vint prendre congé du ministre, celui-ci lui dit · « Monsieur de Forbin, il n'y a en France que M. de Turenne et vous à qui on ait donné carte blanche. » Il en usa d'une manière glorieuse pour lui et pour son escadre, désastreuse pour les ennemis de la France.

Pendant quatre ans qu'il conserva ce commandement, il eut mille occasions de se signaler : les raconter toutes nous mènerait beaucoup trop loin ; nous sommes forcés, pour ne pas sortir des bornes qui nous sont prescrites, de nous en tenir à quelques épisodes choisis parmi les plus saillants.

En 1706, à la hauteur de Hambourg et de l'embouchure de l'Elbe, Forbin rencontre une flotte marchande hollandaise, forte de cent voiles, et venant de Norwége, sous l'escorte de six vaisseaux armés chacun de cinquante pièces de canon.. L'occasion était trop magnifique pour la laisser échapper. Il fait donc aussitôt ses dispositions pour une vigoureuse attaque. S'étant, comme de juste, réservé l'honneur de combattre lui-même le commandant de l'escorte, Forbin arrive résolûment sur celui-ci, l'accroche sous le feu de sa mousqueterie et de son artillerie, fait le commandement d'abordage, et se précipite lui-même à l'avant pour donner l'exemple. Plus prompt que lui, un jeune garde-marine, nommé d'Escalis, a sauté le premier sur le bord en-

nemi, l'épée à la main, immédiatemen:
suivi d'un grand nombre d'officiers, de gar-
des-marines et de soldats. Il se fit alors un
carnage horrible de part et d'autre. Forbin
y perdit beaucoup de monde. Toutefois, la
tuerie ne dura qu'un instant. Bientôt Forbin
entendit le jeune d'Escalis, qui, l'appelant
par son nom, lui criait de l'arrière du vaisseau hollandais : « Nous sommes les maî-
tres ! j'ai tué le capitaine ! » Forbin avait
déjà commencé à faire passer les Hollandais
sur son bord, quand le feu se déclara à sa
prise, à laquelle il était toujours accroché.
Le vent soufflait avec une telle impétuosité,
que celle-ci fut embrasée en un clin d'œil.
Forbin ne se dégagea qu'avec beaucoup de
peine de ce terrible incendie, qui menaçait
de le faire sauter lui-même. La mer était
fort agitée, et l'eau entrait avec violence
par six sabords ouverts du vaisseau français. Pour l'empêcher de couler à fond,
Forbin se disposait à le faire pencher, en le
chargeant du côté qui n'était point endom-
magé, lorsqu'un vaisseau ennemi s'appro-
cha pour l'attaquer, et interrompit cette

manœuvre. Se trouvant désormais dans la nécessité ou de vaincre ou d'être submergé, Forbin eut bientôt pris son parti. « Enfants, dit-il aux hommes qui lui restaient de son équipage, bon courage! abordons, nous sommes encore assez forts ; ne craignez rien, et ce vaisseau est à nous ! » Ce peu de mots rendit du cœur à l'équipage, et Forbin mit incontinent son bâtiment en travers, présentant au vent le côté malade. Dès qu'il fut à portée, les ennemis tirèrent sur lui toute leur artillerie, mais sans le moindre succès. Forbin leur répondit par toute sa bordée de canons et de mousqueterie, et cela fut fait si à propos, que le vaisseau hollandais, criblé et dans le plus affreux désordre, abattit pavillon, et se rendit dès que les Français l'eurent abordé (1).

Un troisième vaisseau de l'escorte hollandaise avait été enlevé par les deux frégates de François-Cornil Bart et du capitaine Hennequin ; mais les autres vaisseaux de l'escadre française avaient eu la chance

_____

(1) Léon Guérin, *Hist. maritime de France.*

moins heureuse, et avaient laissé échappe
les trois autres bâtiments d'escorte avec l:
flotte marchande.

L'année suivante (1707), l'escadre d(
Flandre se signala encore par de nouvelle
prouesses et de nouveaux succès dans l:
mer du Nord. A la suite d'un combat sanglant, livré le 12 mai, contre un granc
convoi d'Angleterre, Forbin rentra dans l(
port de Dunkerque, amenant avec lu
vingt-deux bâtiments de guerre ou de
commerce pris à l'ennemi. — Cette fois
enfin, on lui envoya la cornette de che:
d'escadre ; jamais cornette ne s'était fai
plus longtemps attendre, et n'avait été plu:
loyalement et plus glorieusement gagnée.
Forbin comptait alors plus de trente-deux
années de service sur mer, et passait depuis
vingt ans, dans l'estime des hommes di
métier, pour l'un de nos plus intrépides ei
de nos plus habiles marins, réunissant, se-
lon l'expression heureuse et vraie de l'ur
de ses panégyristes, la tête d'un général
à la main d'un soldat.

« Il n'eut pas été plus tôt nommé chei

d'escadre, dit M. Léon Guérin, qu'il courut au-delà du cercle polaire, jusque dans la mer Blanche, pour se mériter le grade de lieutenant général des armées navales. Malgré les tempêtes fréquentes qui troublent la navigation dans cette mer, Forbin y chercha et y battit en maintes rencontres les flottes marchandes d'Angleterre et de Hollande, avec leurs escortes ; il y fit plusieurs riches captures, et, après avoir déjoué, par des ruses ingénieuses, les plans des ennemis, qui brûlaient du désir de se venger de lui, il revint en France en passant par le nord de l'Ecosse et de l'Irlande. Cette campagne est une de celles qui lui firent le plus d'honneur, autant par sa bonne exécution que par sa rare audace (1). »

(1708.) La France possédait toujours de brillants officiers de mer ; mais, grâce à une administration dont l'imprévoyance et l'incurie autorisent jusqu'au soupçon de la trahison, le matériel de sa flotte offrait le plus déplorable spectacle du délabrement

(1) *Hist. maritime de France.*

et de la pénurie. Cependant Louis XIV, qui mettait, à protéger la cause à tout jamais perdue des Stuarts, une obstination qui n'est pardonnable qu'aux prétendants, avait fait un suprême effort pour appuyer une nouvelle tentative de restauration en faveur du fils de Jacques II, connu sous le nom de chevalier *de Saint-Georges*, et que ses partisans désignaient sous son nom dynastique de Jacques III. Des vaisseaux de transport avaient été réunis dans le port de Dunkerque pour une armée de sept mille hommes; ils devaient avoir pour escorte une flotte de huit vaisseaux de guerre et de vingt-quatre frégates, placés sous le commandement du comte de Forbin. Les informations adressées d'Ecosse au prétendant promettaient un succès infaillible. Le peuple l'attendait avec impatience, et son apparition sur la côte devait être le signal d'un soulèvement général. Il y avait à peine en Ecosse deux mille cinq cents hommes de troupes réglées. Le château d'Edimbourg, dépourvu de munitions, se rendrait à la première sommation, et cette forteresse renfermait des trésors qui aplaniraient toutes les difficultés sous les pas du roi Jacques. Il y avait dans les ports de la côte d'Angus plusieurs navires hollandais chargés de canons, de poudre, d'armes, de sommes considérables, qui semblaient avoir été amenés là et être retenus par les vents contraires tout exprès pour devenir la proie des amis du prétendant. Tout devait donc réussir à souhait. Aussi, lorsque Jacques III vint à Versailles prendre congé de Louis XIV, le vieux monarque lui répéta-t-il l'adieu qu'il avait déjà fait à son père, au départ de l'expédition qui aboutit à la bataille de la Boyne : « J'espère bien ne vous revoir jamais. » Mais il ne fut pas meilleur prophète cette fois que la précédente. Lorsque la flotte française, partie de Dunkerque le 17 mars, et poussée par un vent favorable, fut arrivée dans le golfe d'Edimbourg, elle fit tous les signaux convenus pour se faire reconnaître des partisans du prétendant; mais il n'y fut fait aucune réponse. Ce silence déconcerta tous les plans arrêtés au départ. Forbin, qui répondait de la personne du prince et qui avait lieu de craindre que toutes les mesures n'eussent été préparées par le gouvernement de Guillaume III pour faire échouer l'entreprise, ne crut pas devoir prendre sur lui d'opérer une descente pleine de périls. Il vira prestement de bord, et ramena en France le prétendant, qui resta le chevalier de Saint-Georges jusqu'à sa mort. Bien en prit à l'amiral français de n'avoir pas perdu le temps à délibérer ; car, pour peu qu'il se fût attardé dans les eaux d'Edimbourg, il fût immanquablement tombé au milieu d'une flotte de quarante-deux vaisseaux de ligne, envoyée à sa poursuite sous les ordres de l'amiral Byng, et à laquelle il n'échappa qu'à force de ruses et d'habiles manœuvres. Les partisans de la maison de Stuart, ces hommes qui n'avaient pas donné signe de vie à l'aspect de l'escadre française, accusèrent cependant l'intrépide Forbin d'avoir manqué d'audace et de résolution. Nous regrettons de voir un historien français, ordinairement plus judicieux, le baron de Sainte-Croix, se rendre l'écho de ces absurdes récriminations d'un parti cherchant à se disculper de ses propres fautes en les rejetant sur les autres.

Quoi qu'il en soit, l'insuccès de cette expédition d'Ecosse avait fait perdre à Forbin toute espérance d'arriver au grade de lieutenant général, dont il avait fait le terme de son ambition. Atteint des infirmités qui sont les conséquences inévitables des fatigues et des terribles épreuves de la vie maritime, mais dégoûté surtout par l'esprit qui présidait au gouvernement de la marine royale sous l'administration de Pontchartrain, il se retira du service en 1610, âgé de cinquante-quatre ans seulement, mais vieux de gloire et de renommée. Il alla demander le repos de l'âme et du corps à son beau ciel bleu de Provence, et ne sortit plus, pendant près d'un quart de siècle, de son château patrimonial de Gardanne, près de Marseille. C'est là qu'il s'abandonna, en véritable sage, à ce loisir plein de dignité qui sied si bien aux hommes dont la jeunesse et la virilité furent pleines de grands labeurs et marquées par de grandes choses accomplies. Sa principale distraction fut de mettre en ordre les Mémoires de sa vie maritime, rédigés sous ses yeux par une plume élégante qui a su ajouter l'attrait de la forme à l'intérêt du fond.

Forbin s'était condamné au célibat. Privé des consolations et des soins que le cœur du vieillard trouve au sein de la famille intime, il s'en était fait une extérieure par l'exercice de la bienfaisance, en prodiguant ses richesses, avec une munificence toute royale, aux pauvres de son voisinage. Dans le recueillement de sa retraite, il avait retrouvé les pieuses traditions d'une famille qui avait fourni des prélats à l'Eglise et de nobles chevaliers à l'ordre de Malte. On le vit réparer, par une vieillesse animée de la plus sincère piété, les écarts d'une existence où les désordres avaient trop souvent marché de pair avec les actions glorieuses. Il finit comme un saint, après avoir débuté comme un vrai libertin.

EXPLOITS DU CAPITAINE THUROT.

('Extrait de la Marine française.)

Comme Jean Bart, le capitaine Thurot fit ses premières armes dans la marine marchande, dans laquelle il avait pris du service en qualité de mousse ; et, par sa valeur, ses talents, ses nombreux exploits, il s'éleva au grade d'officier dans la marine royale.

Nous ne nous arrêterons pas au dénombrement de la multitude de prises qu'il fit sur les Anglais : il nous suffira, pour donner une juste idée de son mérite, de rapporter deux des combats les plus glorieux qu'il ait soutenus.

Le 26 mai 1758, Thurot n'était qu'à huit lieues d'Edimbourg, lorsqu'il aperçut quatre voiles anglaises qu'il prit pour des bâtiments marchands. Aussitôt il leur donna la chasse ; mais il se trouva que deux de ses navires étaient des frégates royales. Aussi, loin de prendre la fuite, fondirent-

elles sur lui avec tant d'impétuosité qu
toute retraite lui eût été impossible, quand
même il en aurait eu la pensée. Mais un te
parti était trop indigne du vaillant Thuro
pour qu'il s'y abaissât; il affronte brave-
ment la fureur des ennemis, qui, après l'a-
voir placé entre deux feux, lui crient inu-
tilement de se rendre; il répond à leurs
canons et à leurs mousquets avec une vivacité pour le moins égale à la leur; bientôt, des deux capitaines anglais, l'un est
blessé à la gorge et l'autre est tué; enfin, après sept heures d'un combat opiniâ-
tre et sanglant, le feu prend à l'une des
frégates ennemies et l'oblige à se retirer;
l'autre, entièrement désemparée et réduite
à ne plus compter qu'un petit nombre de
défenseurs, suit l'exemple de la première
et abandonne à notre intrépide marin une
glorieuse victoire.

Le 12 juillet suivant, se trouvant dans la
mer du Nord, Thurot rencontra une flotte
anglaise de dix-sept pinques armées en
guerre; onze d'entre elles étaient à trois
mâts; la moindre portait trois cents ton-

neaux, et leur artillerie formait un total de cent tren.e canons. Quoique monté sur une frégate qui n'en avait que trente, Thurot n'en avance pas moins au milieu de la flotte en faisant feu des deux bords. Les pinques l'environnent sur-le-champ et font successivement pleuvoir sur lui une grêle de boulets. Malgré l'intrépidité de notre marin, il fut un instant près de succomber, tant l'attaque dont il était l'objet était pressée, impétueuse, terrible ! Mais son courage réussit enfin à surmonter de si nombreux et de si redoutables ennemis ; il s'empara de deux pinques et mit toutes les autres en déroute, sans que son équipage comptât plus de quatre morts et quatre blessés.

EXPLOITS DU DUC DE BRÉZÉ.

(Extrait de la *Marine française.*,

Elevé dès 1639 au rang de chef d'escadre, le duc de Brézé parut dans la Méditerranée, en 1643, à la tête d'une armée navale. Il alla chercher les Espagnols, il les attaqua le 9 août jusque sur leurs côtés, il les vainquit, et, près de Barcelone, leur enleva six vaisseaux. Il rencontra, le 3 septembre, une escadre espagnole supérieure à la sienne; il lui livra bataille, la défit, prit à l'abordage le vice-amiral, un galion, l'amiral de Naples, brûla l'un des plus formidables navires de Dunkerque, captura quelques autres vaisseaux, tua quinze cents hommes, et força le reste de la flotte à profiter de la nuit pour se réfugier à Carthagène, où cinq navires dunkerquois fort avariés coulèrent à fond.

Peu content de ces premiers succès, Brézé bloqua par mer Tarragone, que le comte du Plessis-Praslin assiégeait par terre, et nul vaisseau espagnol n'eut la hardiesse de se montrer à lui. Lorsque, cédant aux prières des Catalans, Praslin, sur le point de prendre cette place, en leva le siége pour aller combattre les Espagnols, l'amiral français ramena son escadre dans nos ports sans avoir essuyé la moindre attaque.

L'année suivante le vit, à la tête de

trente-cinq vaisseaux, porter la terreur et le ravage sur toutes les côtes de l'Italie. Assiégée par terre et par mer, Orbitello allait se rendre aux Français; les Espagnols accoururent pour la défendre; et le duc de Brézé, quoique avec des forces bien moins considérables que les leurs, ne balança pas à les attaquer. Un combat acharné, qui durait depuis plus de trois heures, allait finir par leur entière défaite, quand un malheur imprévu les sauva; l'amiral français, qui les poursuivait avec un courage héroïque, eut la tête emportée d'un coup de canon, le 14 juin 1646, à l'âge de vingt-sept ans. La France, déjà trop à plaindre d'avoir perdu ce grand capitaine, se vit encore arracher par sa mort tout le fruit de cette glorieuse et lamentable journée; son vice-amiral n'osa point tenir la mer, et ramena notre flotte en Provence.

FIN.

TABLE.

—

Vie de Suffren.

Vie de Forbin.

Exploits du capitaine Thurot.

Exploits du duc de Brézé.

FIN DE LA TABLE.

LIMOGES et ISLE,

Imprimeries de Eugène Ardant et C. Thibaut.

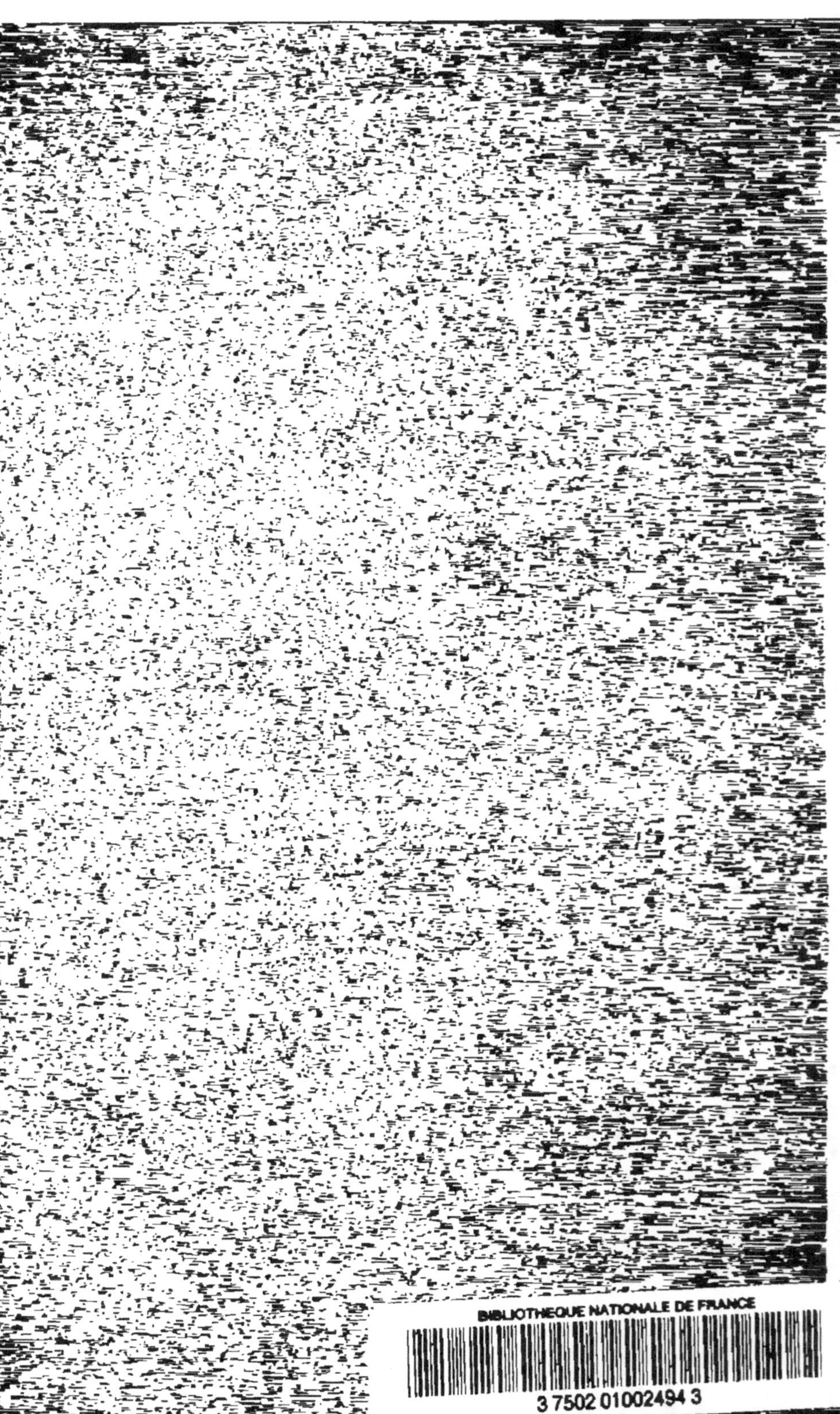